El Círculo de los siglos

Cristóbal Ceniceros

Tabla de contenido

Introducción 5
NOVIAZGO 7
   TÚ NOVIO, TÚ AMIGO 11
SÁTIRAS MATRIMONIALES 13
MATRIMONIO 16
   NO MOVER LA BASE 16
   NO RECORDAR AMORES PASADOS 17
   APRENDER A CAMINAR DOS MILLAS 17
   PREPARARSE PARA DECIR: "AL FIN SOLOS" 19
   LA LLEGADA DE LOS HIJOS 20
ETAPAS DE LOS HIJOS 23
   PADRES INSTRUCTORES 23
   PADRES CONSEJEROS 24
   PADRES AMIGOS 25
LO SUCEDIDO A ISRAEL 26
LA HISTORIA SE REPITE 28
GRIETAS EN FAMILIA 31
   POR DICTADURAS PATERNAS 32
   POR FALTA DE COMUNICACIÓN 34
   PERMITIR LIBERTINAJE 35

CONSENTIR A UN MIEMBRO DE LA FAMILIA..... 37
- *ADVERTENCIAS ANTIGUAS* 38
- *DEBEMOS ADQUIRIR CONOCIMIENTO* 38
- *DEBEMOS ADQUIRIR HERRAMIENTAS* 40
- *DEBEMOS TENER DETERMINACIÓN* 40

SEIS OBSERVACIONES IMPORTANTES................ 41
DIOS RECOGE LOS PEDAZOS........................... 43
Poemas *48*

Introducción

Al iniciar lo que llamo el Círculo de los siglos me refiero al génesis del matrimonio, solo dos personas. Posteriormente, comienza la familia con el primogénito, luego llegan otros hijos a quienes no muchos años después vemos partir para formar su Nuevo Círculo, y tenemos que decir con cierta tristeza como decía el gran actor del cine mexicano Don Fernando Soler a su esposa cuando uno del grupo familiar contraía matrimonio: " Achica la mesa vieja, achica la mesa.

De la manera que nuestros abuelos vieron irse a nuestros padres, también nosotros veremos ir a nuestros hijos, ellos también tendrán la misma experiencia , ese es El Círculo de los Siglos
Veo en las familias la gran multiplicación, hijos, nietos, bisnietos, algunos matrimonios han tenido la dicha de ver bisnietos y tataranietos, Dios les ha concedido mucha vida.
A estas alturas tenemos que ser realistas , poner los pies en la tierra, reconociendo que volveremos a ser los dos que comenzamos nuestro círculo personal, la mujer convertida en "Una hermosa flor de ayer" el hombre, en "Un almendro florecido" porque El Padre Tiempo cobra.

Qué alegría invade el corazón de los abuelos cuando sorpresivamente llegan los nietos de visita, es en ese momento cuando se comienzan a escuchar las viejas palabras de Don Fernando soler, pero ahora "Agranda la mesa vieja, agranda la mesa" brotan lágrimas, abrazos espontáneos porque evocamos aquellos " Caminos de ayer que no volverán jamás," vemos que se acerca nuestra partida , ya no veremos la nueva formación del Círculo de los siglos que no se detiene.

Esa es, en resumen, la vida matrimonial. Les agradezco de antemano por acompañarme leyendo éste rabajo literario, esperando que algo de lo compartido, le ayude en su vida matrimonial.

NOVIAZGO

El noviazgo debería de verse como la antesala del matrimonio, aunque es una etapa de "gran camuflaje" pues se trata de esconder todos los defectos que se tienen, mostrando la mejor cara, dando así una impresión que saque buenos dividendos, se atrape "el "bagre" o la "trucha" según sea el caso. Dios dice que no es bueno que el hombre esté solo, Génesis 2: 18 por esa razón desde bebé le comienza a identificar con el amor, cuando el niño percibe que alguien le amamanta, cuida, da calor, corresponde con sonrisas que dejan a la madre feliz. En seguida descubre al padre y también le muestra de alguna manera que le ama. Posteriormente, su amor se dirige a sus hermanos y amiguitos que se relacionan con él.

En la etapa juvenil sale a relucir un amor diferente al fraternal o filial que conoce, éste es hacia el sexo opuesto, comienzan a llamarle la atención las jovencitas, si es varón, si es mujer, los hombres.
Es buena señal. Como padres, en vez de molestarse porque está sucediendo eso, denle gracias a Dios que no hubo torceduras sexuales, tomó por buen camino, nada más oriéntele para que tenga respeto en esa relación.

Como jóvenes cristianos, al escoger compañero (a) deben pedir dirección a Dios, de la misma manera que guió ayer, lo puede hacer hoy.

El Midrash cuenta de una señora muy rica que tenía una gran hacienda y muchos criados de ambos sexos, un día se acercó a un rabino judío y le preguntó:" Si Dios terminó su labor al crear todo lo que existe, ¿Que está haciendo hoy? Después de un momento de silencio le respondió: "Está uniendo personas en matrimonio". Se retiró en silencio la mujer pensando: "Eso es fácil, hasta yo lo puedo hacer"

Cuando llegó a su hacienda mandó llamar a todos los criados solteros que tenía y dio comienzo a las ceremonias de bodas, escogiendo ella a cada quien su pareja. Solemnemente, les dijo al final: "De ahora en adelante vivirán juntos hasta que la muerte los separe, son marido y mujer" y los despidió, según ella, unidos en feliz matrimonio.

Al otro día, muy de mañana fue despertada por una gran bulla afuera de su residencia, estaban todos los "felizmente casados", golpeados, arañados, todos enfurecidos entregándole a la patrona sus respectivos cónyuges.

La señora reflexionó diciendo: "No es fácil unir parejas en matrimonio, y menos para toda la vida"
En lo particular, doy gracias a Dios por estar felizmente unido en matrimonio con mi esposa Alicia, además completamente seguros de que Dios fue quien nos unió. Hemos tenido batallas matrimoniales, la mar ha estado muy picada, muchas veces, queriendo hundir nuestra embarcación. Hasta éste dia estamos navegando pese a los vientos huracanados en contra nuestra. Mi

esposa dice en relación con esto: "La veleta no se ha dañado, gracias a nuestro buen Dios".
Cuando tenía tal vez doce años pensaba: "Un día me voy a tener que casar, ¿Dónde estará la mujer con quien me uniré?
Me cuenta mi esposa que en su adolescencia, mirando la situación de necesidad en la que se encontraba, decía: "Me tengo que casar algún día, pero ¿Viviré igual como estamos en ésta pobreza? Al paso del tiempo digo: qué bueno que Dios nos unió, salvó nuestra vida de condenación eterna y nos ha bendecido de una manera extraordinaria. ¡Bendito sea el Santo de Israel!
Pensando en esto, recuerdo que estaba en la plaza de mi amada Ciudad Anáhuac, Nuevo León, una noche, esperando a quien era mi novia, trabajaba en una tienda de ropa, salía a las 8:00 P.M.

Mirando con atención hacia el Templo católico que estaba enfrente, me quedé impresionado cuando vi venir en compañía de su hermanita, a una hermosa joven a quien nunca había visto por la ciudad, la razón era que desde muy pequeña tuvo que trabajar por causa de la pobreza en la que se encontraban, habían venido de ciudad del Maíz, San Luis Potosí, atraídos por el algodón, "el oro blanco"

Más me sorprendí cuando me dirigí a ella diciéndole que si la podía acompañar un momento, me respondió que sí, mi vanidad juvenil me hizo pensar, "soy era un joven atractivo y eso la ha impresionado", pues me miró con cierto asombro, la invite a sentarnos para conversar mejor y aceptó, estábamos muy contentos platicando cuando llegó mi novia, ya se me había olvidado, a raíz de esta acción mía, terminó aquella relación, pero gracias a Dios nació otra que hasta el día de hoy permanece. Pasados los años, mí esposa me contó que tres días antes de nuestro encuentro me había soñado, por eso se sorprendió cuando me vio exactamente como había visto en aquel bendito sueño.

Hay algo que me gustaría compartirles, la verdad no sé en cuál de tantos recortes de revistas, libros viejos y apuntes que tengo, encontré lo que enseguida transcribo. Desconozco el nombre del autor, espero pueda perdonarme por incluirlo en mi libro, creo que el propósito para qué fue escrito debe haber sido, beneficiar a tanto adolescente que sueña y debe ver la realidad de la vida.

TÚ NOVIO, TÚ AMIGO

Tú tienes un novio que cuando te llama, lo hace generalmente por cumplir un horario, tú amigo te llama sin horario solo porque le nace hacerlo.
Tú novio va a visitarte porque es el día de la cita, tú amigo te busca cualquier día porque para él no hay citas.
Tú novio te acaricia y te besa porque se cree con derecho para hacerlo, tú amigo lo hace con más ternura y sin derechos porque le nace. ¡Una bandera!, pero tu amigo es el único abanderado de tú corazón.
Piensa que tú novio te quiere por ser tú novio, pero tú amigo te quiere más siendo solo tú amigo.
Tú novio nunca te dirá la verdad por ser tú novio, mientras que tú amigo nunca te mentirá por ser tú amigo.

Tú novio tendrá otros amores quizá ocultos porque tú no le bastas, tú amigo podrá tener otras amigas pero ninguna oculta para ti. Tu novio nunca quisiera dejar de ser tú novio y ser solo tu amigo, tu amigo busca llegar a ser tú mejor amigo sin ser nunca tú novio.
Tu novio piensa que solo puede quererte como novio, tú amigo piensa que puede llegar a amarte siendo solo tú amigo.
El amor del novio es por cumplir compromisos, el de tú amigo es más sincero porque no hay compromisos que cumplir.
Cuando peleas con tú novio todo termina entre los dos, con tú amigo no te peleas porque no hay nada que terminar, pero tristemente te engañas a ti misma insistiendo tener novio y no un

amigo, por cumplir un compromiso con la sociedad, una apariencia distinta entre tus compañeras o una disciplina en tú casa o en tú familia, piensas que sólo puedes llegar al altar vestida de blanco con tu novio esposo, pero sería más bello ¿No crees? ¿Llegar al altar con tu amigo esposo?

Después de la boda conocerás la mitad de la vida que tú novio esposo te ocultó, si te casas con tú amigo nada quedará oculto entre los dos.
Jóvenes amigos: En algún lugar de la tierra, Dios tiene a la persona con quien vivirán felizmente casados hasta que la muerte los separe. Solo crean y esperen confiados sabiendo que Dios puede hacerlo.

SÁTIRAS MATRIMONIALES

David "Danny" Ibarra, fue un amigo personal, pastor en El Paso, Texas, quien le dijo a David Wilkerson (autor de "La Cruz y el Puñal"): *"Están anunciando a un conferencista que estará hablando sobre matrimonio, como vez ¿estará bueno ir a escucharlo?* " La respuesta fue: "*Si tiene más de 15 años casado con la misma señora, ve, algo importante te va a enseñar*".
Me parece muy buena contestación, ya que actualmente otros se expresan de una manera satírica al respecto.

[1]

Un comentarista de Televisión, maduro, soltero empedernido, cuando le cuestionaron sobre su soltería respondió:
--"Contraeré matrimonio, cuando encuentre a la mujer que tenga las tres cualidades que exijo, para quien será la madre de mis hijos" Sorprendida, la entrevistadora le increpó:
- ¿Cuáles son esas tres cualidades tan importantes a las que hace alusión?
Con una gran sonrisa respondió:
--"Tiene que ser casera, hacendosa y muy orgullosa"
--Explíqueme, no entiendo–, respondió la animadora del programa.

Está muy claro dijo el solterón, Casera:

"Tiene que tener varias casas de renta". Hacendosa: "Mínimo tres haciendas con muchas chivas". Muy orgullosa: "Que no tenga vergüenza decir públicamente que me mantiene"
¿Sabe cuándo la va a encontrar? ¡Nunca!

[2]

Estando en una congregación a la que visitaba por primera vez, el pastor muy respetuosamente dijo al predicador invitado, indicando discretamente con la mirada:
---- ¿Podría usted orar al final del culto por aquel matrimonio?
Agregó solemnemente: "Son muy unidos"
------ Si son tan unidos, ¿Para qué quiere que ore por ellos?
------"Es que la semana pasada, tuvieron un pleito, como son tan unidos, cuatro policías no podían separarlos". ¿Cree usted que eso se soluciona con oración? ¡Claro que no!

[3]

Alguien dijo hablando del matrimonio: "Es como un castillo feudal, donde los que están afuera quieren entrar, y los que están adentro quieren salir".

[4]

Dicen también "El amor en el matrimonio debe mantenerse, porque cuando sale por la ventana, el hambre entra tranquilamente por la puerta".

La verdad es que el matrimonio es una institución divina, santa, entre un hombre y una mujer, para toda la vida, siempre respaldada por Dios.

MATRIMONIO

Llegar al matrimonio con la persona amada, es haber hallado la bendición de Dios, lo dice muy claramente:
"El que haya esposa haya el bien y alcanza la benevolencia de Jehová" Proverbios 18:22 Es una institución divina, diseñada para toda la vida, para que se lleve a cabo la orden de Dios de reproducirse formando familias dentro de la legalidad.

Por el solo hecho de ser creación divina, recibe el ataque satánico, es la razón por la que en muchos matrimonios y familias, se ven hechos vergonzosos que ni los animales hacen.

Los gobiernos atribuyen ésta situación a la pobreza, falta de educación, falta de canchas para que los jóvenes hagan deporte, las drogas y muchas cosas más, lo cierto es que nadie quiere aceptar la intervención del diablo tratando de desvirtuar lo limpio y santo de ésta unión

Ofrezco algunas sugerencias prácticas para que el matrimonio permanezca estable:

NO MOVER LA BASE

Esto quiere decir que pese a todas las dificultades que lleguen no olvidemos que hemos contraído matrimonio legal, que estamos parados en esa base. Nada de que al final de cualquier discusión se escuchen palabras como: "Yo me voy con mi familia", "Yo me largo con la mía" están ambos moviendo la base. ¡Es para toda la vida!

NO RECORDAR AMORES PASADOS

Cada uno de los cónyuges se relacionaron con "alguien, tal vez noviazgo sin interés, *"mareo de juventud"*, está en el recuerdo, en ocasiones cuando surge la "tormenta" matrimonial, resucita, luego vienen a la mente las palabras insistentes de ayer: "Bien me lo decía mi santa madre... no te conviene, es un simple albañil, busca un profesionista" a causa de la resurrección del "occiso", pasan días amargos en la vida matrimonial. Lo pasado, pasado está, no lo resuciten.

APRENDER A CAMINAR DOS MILLAS

Jesucristo enseñó esta verdad tomando como ejemplo una ley romana practicada en sus tiempos. Si un soldado romano llevaba una carga, se encontraba con algún ciudadano súbdito de Roma, le podía ordenar que llevara aquella carga una milla, después aquel hombre podía dejarla caer y no ser obligado a cargar más. Jesús dijo: "Y a cualquiera que te obligue a llevar carga por una milla, ve con él dos" Mateo 5:41 Cuando éramos, novios, llevábamos con mucha facilidad más de dos millas, ¿Recuerda? En puntualidad, atención, servicio, nos conducimos como verdaderos "siervos de Roma" haciendo mucho más de lo que se nos pedía.

ya casados, como que se nos hace difícil caminar un poco comparado con lo que antes hacíamos. Si caminábamos más de la milla en el noviazgo, debemos caminar igual o más en el matrimonio.

El apóstol San Pablo en la primera Carta a los Corintios 13: 4-7 habla acerca del amor. Si después de orar repiten en voz baja lo que enseguida expongo, no dudo que les ayudará para caminar más de la segunda milla en su matrimonio.

Por amor a mi Señor Jesucristo y a mi esposa
(o)_____

Seré _____ Sufrido
Seré _____ Benigno
No tendré _____ Envidia
No seré _____ Jactancioso
No me _____ Envaneceré
No haré _____ Nada indebido
No buscaré _____ El bien propio, sino el de mi cónyuge
No _____ Me irritaré
No _____ Guardaré rencor
No _____ Me gozaré de la injusticia, sino de toda verdad.
Todo _____ Lo sufriré, creeré, esperaré y lo soportaré.
Nunca _____ Dejaremos de ser. Viviremos eternamente con Dios.

PREPARARSE PARA DECIR: "AL FIN SOLOS"

Se comienza el matrimonio enamorados, llenos de sueños, ilusiones y tantas cosas más, luego llegan los hijos, están con nosotros el tiempo suficiente para que les salgan alas y aprenden a volar con nuestra ayuda, luego hacen lo que hicimos nosotros, se casan ... y se van. En esa etapa comenzamos a repetir las mismas palabras que dijimos al entrar en la recámara el día de la luna de miel: "Al fin solos." Pero para poder quejarnos a gusto de tantos achaques que sin pedirlos nos llegaron vaya usted a saber de dónde.
¡Qué gran diferencia!
Cuentan que una señora, atareada en el aseo de su casa, era observada por su anciano y calvo marido que estaba sentado en un sillón, sin dejar de mirarla le dijo:
---- ¿Donde quedó aquella jovencita alta, delgadita, de ojos negros y grandes, pelo crespo, sonrisa agradable que conocí hace años?
Le respondió con voz dulce y tranquila:
---"Esa jovencita alta, delgadita, de ojos negros y grandes, pelo crespo, sonrisa agradable que recuerdas, hace muchos años se fue siguiendo a un joven apuesto, de cabellera abun-dante, brazos fuertes y musculosos, ojos alerta como de águila, lleno de ilusiones y sueños del que me enamoré, el cual se convirtió... en ti" En silencio siguió con su quehacer acostumbrado.
Algo en lo que se debe pensar antes de llagar a la tercera edad, es el ahorro, esto, claro, aparte de lo que el gobierno te debe entregar.

Dicen que los árabes ganan cinco pesos, gastan tres y ahorran dos. Es una forma sabia de invertir lo que nos pagaron por desgastar nuestra vida, porque el salario recibido por nuestro trabajo, equivale a vida desgastada, debemos culdarlo.

Ojalá podamos hacer nuestro, el día del árabe, dicen que es primero de Enero. Practiquemos el ahorro, así podremos decir como ellos: "premero denero, barchante"

LA LLEGADA DE LOS HIJOS

Todo matrimonio desea que se cumpla en ellos lo que dice el poeta: "Quiero que por los pasillos de nuestra casa, corra feliz un muñeco de carne, mitad tú, mitad yo" Con la llegada de un hijo, la responsabilidad aumenta para ambos cónyuges en todos los aspectos. Es muy recomendable que con amor se compartan la atención que los hijos requieren, y no se deje solamente a uno. Se pueden ofrecer infinidad de argumentos para no ser compartido, no son validos pues los hijos son de ambos.

Cuentan que un hermano muy cristiano y aparentemente compasivo con su esposa la cual tenía gemelitos, un domingo ya bien arregladito para irse al templo, al ver que su esposa estaba atareadísima arreglando a sus hijos, le dijo con mucho amor: "Cariño, Dios debió ponerte cuatro brazos para atender a nuestros hijos, pues sabía que serian "gemelitos "

Con mucha calma como toda mujer cristiana le respondió: "Lo hiso mi amor, solamente que me puso dos brazos a mí y dos a ti". Después de ésta respuesta tan amorosa, el "arregladito "sé puso manos a la obra y en unos minutos toda la familia muy contenta partieron para el Templo.

Cuentan de un hombre que en compañía de su esposa hicieron un viaje muy largo en el que ocuparían toda la noche para llegar a su destino, la casa de su hijo primogénito. Cargaron el automóvil con las pertenencias personales y los regalos que llevarían a su hijo, nuera y nietos. La señora desde el preciso momento que abordó el vehículo, se puso cómoda recargada en el vidrio de la ventana del carro y se durmió. El esposo inició la marcha y solamente se detuvo dos veces para cargar gasolina, al ver a su esposa plácidamente dormida, no intentó despertarla. Amanecía cuando llegaron a su destino en donde los esperaban sus familiares. Cuando el hijo vio el vehículo se acercó para abrir la puerta y abrazar a su madre. Al hacerlo, la señora se desplomó al suelo ante el asombro de todos. Llegó la ambulancia y los paramédicos, para sorpresa de todos, les notificaron que tenía casi seis horas de muerta.
Aquel hombre había viajado toda la noche con una muerta.

Aplicando esto a algunos matrimonios, podemos decir que pasan años viajando con algún muerto, alguien a quien nunca le das gusto en nada, todo lo que haces le molesta, jamás da una muestra de gratitud o agradecimiento a los esfuerzos en bien del hogar, eso es ir viajando por la autopista del matrimonio en compañía de un muerto.
Jesucristo puede en la actualidad resucitar muertos, como lo hizo ayer.

Muchos matrimonios estando a punto de ruptura o ya separados, Dios los ha vuelto a unir dándoles vida y amor, porque para él no hay imposible. También es cierto que como maridos, cabeza de la mujer (Efesios 5:23), debemos ser responsables y tener conciencia que si algo anda mal en esa unión, Dios nos llamará a nosotros por ser la cabeza. Así como cuando en un municipio las cosas funcionan mal no se llama al comandante sino al alcalde, de la misma manera seremos llamados los varones para rendir cuenta de nuestra administración matrimonial y de los hijos que puso bajo nuestra responsabilidad. Los hijos son de ambos.

ETAPAS DE LOS HIJOS

Contare algo que si me hablaron al respecto en mis años de juventud o ya viviendo en matrimonio y siendo predicador, no le puse atención o como decía mi madre: ¨Por una oreja te entra y por la otra te sale¨ lo cierto es que cuando lo comprendí, lo he estado compartiendo cada ves que tengo oportunidad, es sobre las tres etapas importantes que nuestros hijos cruzan y si no estamos enterados de ellas, cometeremos errores que a la postre nos traerán tristeza y dolor.

PADRES INSTRUCTORES

Cuando tu hijo tiene de cinco a once años, deben comprender que son Padres Instructores, por eso dice la biblia: Instruye al niño en su camino y aun cuando fuere viejo, no se apartara de él. Esta no es una promesa de Dios, es un proverbio hebreo para entender sabiduría y doctrina, para conocer razones prudentes. En Israel los niños hasta los cinco años estaban al cuidado de la madre, por eso dice en proverbios 29: 15 La vara y la corrección dan sabiduría, más el hijo consentido avergonzará a su madre, ¿por qué no al padre? Porque quien ponía en cierto modo los fundamentos en el , era la mamá,. A los seis años lo tomaba el padre para enseñarle el oficio y las letras. Decían: Quien no enseña a su hijo un oficio, esta criando un holgazán .
Los pensadores de hoy dicen que a un niño no debes de corregirlo con vara, ni gritarle porque lo traumas, pero yo creo lo que dice la biblia porque es una enseñanza de siglos y los que

la practicaron fueron beneficiados y quien la practique hoy le sucederá igual.

PADRES CONSEJEROS

Cuando tu hijo esta en terrenos de adolescencia , digamos doce años en adelante , tienes que entender que se encuentra en una etapa muy difícil, por eso les llaman adolescentes, porque adolecen de muchas cosas, de pronto lo ves conduciéndose como todo un joven actuando como tal y de pronto esta con sus carritos de niño, lo mismo pasa con la jovencita, busca de pronto sus muñecas, es una etapa de transición a la juventud. Muchos padres sufren porque su hija se fugo de casa siendo una jovencita, o lo mismo hiso el hijo, se fue con sus amigos, algunos dicen , la enseñe a leer la biblia, la aconseje, la lleve al templo, estuvo en la Escuela Dominical y tantas cosas mas, es que la siguieron tratando como en la primera etapa, no entendieron que debieron conducirse como padres consejeros y cometieron el gran error de no tirar la vara, ¡¿Cuántos padres corrigen a sus hijos en esta etapa con vara?! No, es tiempo de razonar, enseñarles que no desandemos del chango , que tienen que ser obediente para con sus padres porque esto agrada a Dios, que dos mas dos son cuatro. Tiene que entender que lo que se siembra se cosecha, he visto madres jóvenes decir en su circulo de amistades : Mi hija y yo somos amigas, no hay secretos entre nosotras , lo mismo han dicho algunos padres, me pregunto como pueden decir que es tu amiga una chica o un chico que adolece de tantas cosas?

Insisto, que tus hijos en esta etapa te vean como un padre consejero no como amigo, habrá respeto y será diferente tu trato con ellos.

PADRES AMIGOS

Cuando tu hijo después de muchos desvelos y problemas llega a la edad en que piensa contraer matrimonio, sabes que tiene un diploma, que es profesionista o sino que aprendió un oficio, te comunica su deseo de formar una familia, entonces ha llegado el momento de hablar como amigo, dile donde se va a meter, que no solo es la hermosa novia que el ve, dile que el paquete esta muy grande, vienen suegros, cuñados, tíos abuelos políticos y como debe conducirse, esto se lo dirás porque tu ya pásate por eso, dile que tendrá navidades fuera de casa y navidades contigo. Enséñale también que su futura esposa y el son diferentes, que hay que aprender a vivir con las diferencias, que no trate de cambiarla, porque por mas que tu trataste de cambiar a su mama, no pudiste, que aprendiste a vivir con las diferencias, que le debe de gritar solamente cuando se este quemando la casa y solo debe de decir: Fueeeeeeeeeeeeego. Hasta entonces te vera como deberíamos de ver a nuestros padres… como amigos.
Tal ves muchos no estén de acuerdo con lo aquí expuesto, pero me he encontrado con personas a las que les compartí esto y me lo han agradecido, así que, hay te lo paso al costo, me lo regalaron. Bendiciones y éxito siempre.

LO SUCEDIDO A ISRAEL

Alguien dijo que: "La historia es la maestra de la humanidad" Debemos aprender de errores y aciertos pasados, para vivir mejor.
Veamos lo sucedido al pueblo de Israel cuando iba a tomar posesión de la Tierra prometida.
Dios les informó a través de Moisés de las bendiciones y peligros que habría: Tendrían abundancia de agua, la lluvia temprana y tardia, el infaltable rocío noche a noche.
Cuarenta años atrás, dos hombres no podían con un racimo de uvas, eso que no era tiempo de uvas.
También habría abundancia de gigantes, idolatría, hechicería, brujería, en los círculos religiosos de las deidades paganas, se practicaba la prostitución, habría peligro de desintegración familiar si se descuidaban, tendrían problemas de alcoholismo, pues había muchas vides.

El Midrash da una enseñanza muy especial sobre el alcohol. Dice que cuando Noé salió del Arca, lo primero que hiso fue edificar un altar a Jehová y adorarlo, enseguida hiso un pozo para plantar una vid, cuando lo hubo terminado, vino Satanas y le dijo: "Permíteme ayudarte" tomó un cordero, lo degolló y vertió sangre de él en el pozo, luego hiso lo mismo con un león, un chango y al último vertió sangre de un cerdo ante la mirada de asombro del patriarca, que azorado preguntó:
---¿ Por qué haces eso?
—Al paso del tiempo lo sabrás, fue su respuesta

Por eso se dice que cuando el hombre toma una copa, se conduce como corderito, mansito, cuando toma dos, se porta como, leon, rugiéndole a todos, cuando toma tres copas, actúa como chango haciendo muecas, y al llegar a cuatro, hace lo que el cerdo, tirado en el suelo sin importarle que se está ensuciando, se siente en un ambiente porcino.

Al hablarles Dios a los israelitas en boca de Moisés, fue para que pudieran salir victoriosos, les advirtió de una manera muy clara algunas cosas las cuales quedaron registradas en Deuteronomio 6: 1-7
No hay otro dios más que Yo. V. 4
Amenme solo a mí V.5
Témanme y guarden mis mandamientos. V. 1,2
Enséñenlos a sus hijos, nietos y bisnietos. V. 2
Todo el tiempo que les permita vivir.
Dios puso frente a ésta nación la vida y la muerte, invitándoles a escoger el camino de vida. Deuteronomio 30:15
Al paso de 45 años aproximadamente, la biblia registra que Israel se apartó de Dios sufriendo muchos males, pero el estrago mas fuerte lo vivieron las familias. Jueces 2:8-13

LA HISTORIA SE REPITE

Parece que lo sucedido al pueblo de Israel por haber dejado a Dios, lo estamos experimentando. No podemos negar que somos una generación donde hay abundancia, tenemos grandes Escuelas, Universidades, excelentes catedráticos, Escuelas por correspondencia, también abundamos en ciencia y tecnología.
Hace muchos lustros nuestros antepasados se comunicaban con señales de humo, luego se inventó el Telégrafo, Radio, Televisión, Computadora, Internet, operaciones con rayo laser, intervenciones quirúrgicas a fetos, viajes aéreos y espaciales, esto es señal clara de avance. Muchos años antes había sido profetizado en Daniel 12:4 ¿Qué dirían nuestros antepasados si pudieran ver esto? ¿Se imagina la reacción del bisabuelo llegando a una Tienda Comercial y que se le abrieran las puertas solas? Como buen cristiano que fue comenzaría a reprender al diablo y a echar aceite ungiendo todo el local, porque para el sería algo demoniáco.

Con tristeza lo digo, así como hemos avanzado, también hemos descendido. ¡Y en qué forma! Diariamente oímos de asesinatos, secuestros, robos, drogas, violaciones, tabaquismo, homosexualismo, lesbianismo, aumento de fanatismo, todo esto quieran o no está afectando el vinculo familiar. Este ataque viene de las fuerzas del diablo desde el mismo infierno, para traer ruina a la sociedad, pero está particularmente, enfocado a la familia.

Las cuatro grandes instituciones de la tierra, son de manufactura divina: Los Gobiernos, El Matrimonio, La Familia y La Iglesia, están siendo atacados por Satanás solo por ser de origen divino, las odia de una manera
grande y trata por todos los medios de que se corrompan y se echen a perder, que huelan mal, en muchos lugares lo esta logrando, porque ignoran las verdades biblicas.

En una familia sana podemos observar cosas hermosísimas como la inocencia, muy particularmente en los niños y aun en los adolescentes Para confirmar lo que vengo diciendo, lea estos escritos enviados por niños a algunos pastores, depositándolos en el ofrendero.

"Querido pastor, creo firmemente que Dios ama a todos, pero también creo que todavía no conoce a mi hermanito"

"Querido pastor, gracias por su sermón del do-mingo, le escribiré más sobre su sermón cuando mi mami me explique lo que trató de decirnos en su sermón"

"Querido pastor, ¿Podría mencionar en su sermón del domingo que Panchito Martínez se ha portado como un buen niño toda la semana? - Atentamente, Panchito Martínez"

"Querido pastor, quiero que perdone a mi papi por no dar más dinero a la iglesia, pero es que tiene un patrón muy tacaño.

." También pastor, ¿Por que si Dios descanso el dia siete, tenemos que ir a la Escuela dominical y el lunes a la escuela?

Me contó un músico y cantante cristiano que después de haber estado en una congregación les dijeron que se encaminaran a la casa donde les darian la cena, cuando iban llegando fueron recibidos por un grupo de niños que cantaban una cancioncita que dice: "Hay vienen los hermanos gorrones, hay vienen los hermanos gorrones, aparte de gorrones tragones" comentaron entre sí, ésta letra no es de los niños, la escucharon de sus mayores.

Muchos padres de familia no invierten tiempo en sus niños, cuando pasa, se lamentan y lloran. Esto no es nuevo, en tiempos antiguos él gran filosofo Sócrates expresó lo siguiente:

"Si pudiera subirme al monte más alto y gritar diría: Conciudadanos, cómo es posible que ustedes puedan tomar en sus manos piedras rusticas y hacer de ellas grandes obras de arte y tenéis tan poco cuidado de vuestros hijos pequeños a quienes un día tendréis que dejar" No cabe duda que el filosofo, preocupado, pensaba en los niños.

"Querido pastor, usted dice que Dios hace grandes milagros, y yo también lo creeré, si logro aprobar mi examen de matemáticas el lunes" ¡Será un gran milagro!

"Querido pastor, ojalá pudieran orar y ayunar toda la iglesia por mi mami para que rebaje 15 kilos y deje de sufrir, a probado todas las dietas y no ha pasado nada." Dios los bendiga, amen.

GRIETAS EN FAMILIA

Dios deseaba al poner en acción los gobiernos, el matrimonio, la familia y la iglesia, que fueran luz en este mundo de tinieblas, a través del tiempo hemos constatado que no están dando el rendimiento anhelado, en muchos aspectos han fallado.

Los gobiernos se corrompen, las familias se están desintegrando, los matrimonios divorciando y la Iglesia con muy contadas excepciones, se está llenando de duda en relación con lo que Dios ha prometido hacer, le están dado más énfasis a la alabanza que a la Palabra de Dios.

Satanás no pierde tiempo y ataca sin piedad en todos los ángulos posibles pero con más furia a la familia, porque sabe que es el fundamento de la sociedad, si éste, está débil, se agrietará la construcción. Actualmente tenemos frente a nuestros ojos, una sociedad agrietada, algunos no perciben que el derrumbe total puede comenzar por una sencilla grieta.

La palabra grieta significa: "Quiebra o abertura longitudinal, que se hace de manera natural en la tierra o cuerpo solido" "Hendidura poco profunda que se forma en la piel o en las membranas mucosas"

Dios desea que como padres de familia sepamos por lo menos cuatro cosas que están descritas en el Salmo 127: 1, 3-5 para prevenir el derrumbe.

1.-Que si Dios no es el Edificador, el trabajo de edificación es en vano.

2.-Que los hijos son herencia que Jehová da a los padres.
3.-Que al ser educados en el temor de Jehová, serán como flechas en nuestra aljaba.
4.-Que si los educamos en el temor de él, su testimonio será a nuestro favor ante los enemigos.

Veremos algunas razones por las cuales se puede agrietar la familia, si no las corregimos corremos el riesgo de que se derrumbe.

POR DICTADURAS PATERNAS

Un dictador es descrito de la siguiente manera: "Magistrado de la antigua Roma durante la época republicana, el cual ejercía todos los poderes"
"Hombre político que gobierna concentrando en su persona, todos los poderes y no permitiendo en el país ninguna oposición a su línea política" "Hombre de carácter autoritario." Generalmente en todas las dictaduras hay lo que se conoce como "toque de queda", es decir, que a cierta hora nadie puede salir de su casa, no debe haber reuniones públicas, a menos que tengan un salvo conducto y previamente se haya notificado al ejercito, si no, se corre el riesgo de perder la vida. En esa clase de gobierno, los planes e ideales de los gobernados, no cuentan ni valen nada, siempre hay un perene olor a sangre la cual permanece por siglos, pues la sangre derramada injustamente, no se seca. Lo mismo pasa en las familias donde el padre asume la

conducta de dictador. Tal parece que en toda la casa se puede ver un letrero imaginario que dice:

1.-"El jefe siempre tiene la razón"
2.-"El jefe nunca se equivoca"
3. -"Si no está de acuerdo con estos dos puntos, consulte al primero"

Algunos padres que son dictadores, les oyes decir a sus gobernados:" Aquí yo mando, no me importa lo que digan, al que no le guste, la puerta está muy ancha, lárguense".
Cuando los hijos no soportan esta clase de dictadura, toman la determinación de irse, el padre se siente solo, comienza a llorar y lamentarse preguntándose sobre el por qué de la deserción familiar, esto a raíz de una conducta paterna desprovista de amor. La biblia dice muy claramente: "Hijos, obedeced en el Señor a vuestros padres en todo, porque esto es justo.
Honra a tú padre y a tu madre, que es el primer mandamiento con promesa; para que te vaya bien, y seas de larga vida sobre la tierra"
Agrega para los padres: "Y vosotros, padres, no provoquéis a ira a vuestros hijos, si no criadlos en disciplina y amonestación del Señor" Efesios 6: 1-4

POR FALTA DE COMUNICACIÓN

La palabra comunicación, comunicar, significa:"Hacer a otro participe de lo que uno tiene." "Descubrir, manifestar o hacer saber a uno una cosa." "Consultar, referir, examinar, tratar con otros un asunto tomando en cuenta su parecer".
Algunos matrimonios no toman muy en serio este asunto y viven su vida incomunicados en muchos aspectos. A Satanás le encanta tener matrimonios así, pues sabe que los frenará en muchos aspectos.
Ninguno de los dos es "adivino", necesita saber que le gusta y que le molesta para evitarlo y vivir mejor.
Otros comunican mal lo que desean y no funciona. Un matrimonio con falta de comunicación hasta a los hijos dañan.

Cuentan de una señora cristiana ya entrada en años, que fue a quejarse con el pastor diciendo:
---- "Tengo un problema grandísimo con mi esposo el pastor se inquieta, le pide pase a su oficini pues la mujer no dejaba de llorar.
----Cuénteme que sucede
---- Mi esposo nunca me dice que me quiere, no me dice ni una sola palabra de amor, creo que ya no le intereso. Hable con el por favor. El pastor amablemente le dijo que lo haría.
Estuvo esperando la oportunidad de hablar con aquel marido "reseco" y un día se encaminó a casa de aquellos feligreses. Encontró al hombre partiendo leña al fondo del patio, cuando lo ve acercarse le dijo con voz tosca:

--- ¿Qué quiere"?
¿Qué se le ofrece?
----Es que su esposa fue a verme, respondió el pastor.
-----"Y"
----Dice que usted tiene años que no le dice alguna palabra romántica, cree que ya no le interesa, que ya no le ama y sufre mucho por eso.
---- ¡Ah!.." Pos dígale, que hace cincuenta años, ante el altar de Dios, le dije que la que-ria, y que si cambio de opinión, yo
p-e- r-s- o-n-a--m-e-n-t-e
se lo haré
saber" y siguió partiendo leña muy quitado de la pena.
¡Un clásico Cruz Treviño Martínez De La Garza cristiano!
¡Nada más tétrico que un matrimonio incomunicado!

PERMITIR LIBERTINAJE

Libertinaje significa: "Desenfreno en la conducta".
"Falta de respeto a la religión y a las leyes" Sabemos que Dios es de orden. En todo para que funcione debe haber un orden, en el hogar no es la excepción. Primero Dios, esposo, esposa, hijos, si es pastor, al último la Iglesia, pues el que no gobierna bien su casa, ¿Cómo va a dirigir la congregación de los santos? Alguien dijo que cuando el orden divino está invertido en el hogar es como un barco a la deriva en alta mar, donde: "El marido es el marinero, la esposa es el capitán, los hijos los malos vientos y la

suegra el huracán". Nunca el libertinaje a producido buenos dividendos a la familia.

Un padre de familia tenía dos hijos borrachos a los que solapaba, un día le mandaron llamar de la Presidencia Municipal del pueblo. ¿Qué sucede? ¿Qué pasa?. Le habla el comandante. Rápidamente llegó.
Sus hijos se subieron a la plaza pública con la camioneta, en peligro y atropellen a alguien. Son jóvenes, puntadas de muchachos ¿Cuánto es la multa? También quiero les entregue la camioneta. Habiendo pagado, soltaron a los jóvenes y el viejo les dijo:

¡Diviértanse, disfruten la juventud, recuerden que solamente una vez se es joven! Muy contento se fue a su hogar.
Pasadas unas horas, llegó la patrulla nuevamente a su domicilio, salió preguntando ¿Qué pasa ahora? Le habla el comandante, urge que vaya, fue la respuesta. Al llegar preguntó con voz casi autoritaria: ¿Y ahora que hicieron mis hijos? Iban rumbo a la ciudad vecina, no se percataron de un tráiler que estaba estacionado y se estrellaron, están muertos los dos.
La vida de aquel padre no fue la misma, ni la de su familia, a raíz de éste fatal suceso. Pasados unos años, aquel hombre se fue a la tumba, cargando en su conciencia la muerte de sus hijos. ¿Todo por qué? Por permitir libertinaje. Algo parecido sucedió a un sacerdote y juez de Israel llamado Elí, hace casi 3,154 años, registrado en 1 de Samuel 4: 17

CONSENTIR A UN MIEMBRO DE LA FAMILIA.

La palabra consentir quiere decir:
"Permitir una cosa o condescender en que se haga" "Mimar a los hijos" "Ser demasiado indulgente con los niños o con los inferiores" Debemos estar consientes que todos los hijos valen igual, tal vez no sean inteligentes todos, pero llevan nuestra sangre.
Ejemplo de esto lo tenemos en Dios, el cual hace salir su sol sobre buenos y malos. Así como los dedos de nuestra mano son diferentes, lo mismo es con nuestros hijos, Los que consienten a un hijo, tarde o temprano, sufrirán las consecuencias. Hay diferencia, pero tiene un gran valor inmenso cada uno de ellos.
Los que consienten a un hijo, tarde o temprano, sufrirán las consecuencias.
Un proverbio chino dice: "El que a un niño consiente, engordando está una serpiente" La biblia declara que los que esto hicieron ayer, sufrieron: David, con Absalón, Elí, con Offni y Fines, Isaac, con Esaú y Rebeca, con Jacob.
Muchas grietas formadas ayer, están sangrando hoy, haciendo daño a las familias. Algunas se han convertido en raíz de amargura, odio, al no poder perdonar al padre, madre o hermanos.
¿Qué podemos hacer para ayudar a nuestra familia evitando que este cáncer no la dañe?

Volver a revivir las palabras que Dios le dijo a

Moisés para el pueblo de Israel hace aproximadamente 3,464 años.

- **ADVERTENCIAS ANTIGUAS**

Estas advertencias bíblicas, si se ponen en práctica, en obediencia a Dios, pueden surtir efecto hoy,
1.-No olvidar que no hay Dios más que Jehová de los ejércitos
2.-Amarlo solamente a él
3.- Temerlo y guardar sus mandamientos
4.-Enseñarlos a hijos, nietos y bisnietos
5.-Todo el tiempo que Dios nos preste la vida.
Debemos tener en consideración que para que haya éxito en ésta gran labor, existen tres cosas que tenemos que valorizar.

- **DEBEMOS ADQUIRIR CONOCIMIENTO**

Conocimiento quiere decir: "acción y efecto de conocer" "Entendimiento," "razón" "Facultad de sentir o percibir" "Saber" "Ciencia" Esto se adquiere estudiando, documentándote en lo que necesites aprender, el problema es que hay dos clases de sabidurías, la divina y la diabólica.

El apóstol Santiago dice algo muy interesante respecto de esto: "El sabio llevará una vida piadosa de la que han de brotar siempre buenas obras. ¡Y mientras menos se jacte de esas buenas obras, más sabio será!

No

se te ocurra nunca pensar que eres sabio ni bueno si en el fondo eres envidioso y egoísta, porque no hay peor mentira que ésa.

La envidia y el egoísmo no se originan en Dios; al contrario, son terrenales, carnales y diabólicos. Donde hay envidia y egoísmo hay desorden y todo tipo de maldad. El que tiene sabiduría de Dios es en primer lugar puro.

Además, pacífico, amable, benigno, misericordioso, bondadoso para con los demás. Entusiasta, franco y sincero. Y los pacificadores siembran paz para cosechar bondad" Santiago 3: 13-18 (Biblia Paráfrasis)

Cuando adquieres sabiduría divina, entiendes que como padre eres quien debe proveer para tu familia alimento, ropa, estudio ofreciéndoles lo que verdaderamente necesitan. Algunos, ignorando esto, solo ofrecen
"sobras" de lo que ganan a sus hijos y esposa,

Adquiriendo sabiduría de lo alto, aprendes también a disciplinar a tus hijos cuando han hecho algo equivocado o malo, pues por Las Sagradas Escrituras te enteras en Proverbios 29:15 que "La vara y la corrección dan sabiduría, más el hijo consentido avergonzará a su madre" Que también enseña "Corrige a tu hijo, y te dará descanso, y dará alegría a tu alma" Proverbios 29: 17

Algunos padres que son profesionistas, terminan sus labores, y al llegar a casa se siguen conduciendo como tales, has a un lado tu título y ponte el de padre, juega y ríe con tus hijos, inclusive utiliza un lenguaje propio de ellos, esto jamás lo olvidarán.

- ***DEBEMOS ADQUIRIR HERRAMIENTAS***

Quien no tiene herramientas, no podrá hacer su trabajo, quien tiene herramientas malas, hará el trabajo, pero mal hecho, aquel que tiene herramientas buenas y no hace buen trabajo, es necio.

Por sobre todo lo que podamos adquirir tenemos La Santa Biblia, la cual se debe estudiar para adquirir de ella la sabiduría que nos brindará auxilio y dirección en momentos difíciles, además de ser un alimento divino para nuestro espíritu.

En la actualidad hay herramientas que pueden ayudarnos en nuestra labor de conducir a la familia como Dios quiere, hay Videos Cristianos, Libros, Consejeros matrimoniales experimentados, amistades cristianas y muchas otras ayudas más las cuales podemos adquirir para nuestro provecho y el de nuestra familia.

Si se entera de que un matrimonio está lleno de problemas, todos los días hay conflictos entre ellos, ¿Para qué los frecuenta si usted sabe que están casi igual? Busque matrimonios de la congregación cristiana que han superado aquello por lo que usted está pasando, y pida su apoyo, tenga la plena seguridad que será ayudado

- ***DEBEMOS TENER DETERMINACIÓN***

Determinación quiere decir: "Establecer o fijar los términos de una cosa" "Hacer tomar una resolución" Veamos la historia de un hombre de Dios llamado Josué que fue determinado en su conducta para con su persona y familia.

Casi al final de su gestión como líder dirigiéndose al pueblo de Israel, les dijo muy claramente: "Ahora, pues, temed a Jehová, escogeos hoy a quien sirváis; si a los dioses a quienes sirvieron vuestros padres, cuando estuvieron al otro lado del rio, o a los dioses de los amorreos en cuya tierra habitáis; pero yo y mi casa serviremos a Jehová" '. Josué 24:15

¡Esa clase de conducta deja revelar una gran determinación!

Que en nuestra mente esté siempre fresca la idea de que la meta personal y de familia, es llagar a la presencia de Dios, en donde moraremos por toda la eternidad en compañía de todos los que ya llegaron.

SEIS OBSERVACIONES IMPORTANTES

Una Universidad de Nebraska realizó un estudio por parte del Departamento de Desarrollo Humano en la Familia en varias familias de diferentes países como Estados Unidos De América, México Suecia, Centro y Sur América, Sud África y otros más, sobre cuáles eran los puntos que hacían a las familias fuertes, llegando a la conclusión de que eran los siguientes:

1.- Los que tienen un compromiso con sus familias
2.-Los que pasan tiempo juntos
3.-Los que tienen buena comunicación
4.-Los que expresan su afecto mutuamente
5.-Los que tienen un compromiso espiritual
6.-Los que son capases de resolver los problemas en las crisis.

Cabe señalar que estas opiniones son de personas universitarias, no cristianas, comprobando que si Dios no está en la formación de las familias, muy difícil es que se tenga éxito. Tiene razón el Salmista cuando dice: "Si Jehová no edificare la casa, en vano trabajan los que la edifican; si Jehová no guardare la ciudad, en vano vela la guardia" Salmos 127:1

Si estás en etapa de noviazgo, no olvides pedirle a Dios que te guie con la persona que será quien te acompañe por toda la vida, si ya entraste a la etapa matrimonial, juntos luchen por llegar a la meta sabiendo que Dios está de su parte.

¿Se encuentra en la tercera edad? Mire la oración de David: "No me deseches en el tiempo de la vejez; cuando mi fuerza se acabare, no me desampares" Salmos 71:9 o lo dicho por Salomón: "Corona de honra es la vejez que se halla en el camino de justicia" Proverbios 16:31

¡Que la bendición de Dios sea con todos ustedes!

DIOS RECOGE LOS PEDAZOS

El deseo de Dios es preservar los matrimonios en paz y avanzando, esto lo hace porque el es el Autor de esta santa unión. Satanás odia todo lo que Dios hace, es la razón por la que siempre quiere tener en ruina los matrimonios metiendo infidelidad y desgracia, usando todos los medios que tenga a su alcance.

Es muy común ver algunas parejas tomando modelos y enseñanzas aparentemente buenas pero equivocadas, sin base bíblica, que es la mas importante, pues ahí esta la gran opinión de Dios al respecto.

Hace algunos años fui invitado a oficiar en la dedicación de una casa sencilla, el padre de familia me conto algo que me impresionó y al paso de los años aun mantengo viva esa experiencia.
Don Felipe, su esposa María y su hijo Juan ahora vivían felices, por tiempo estuvieron pagando renta, ahora veían su sueño hecho realidad pues Dios les había concedido construir su casa, y la estaban dedicando a El quien a través de Jesús cambio sus vidas.
Don Felipe había abandonado a su esposa he hijo, camino por la senda del alcohol hundiéndose en ese vicio, pero siempre estaba enterado donde estaban viviendo.

Un día pasando por un templo evangélico, escucho los cantos que aquella congregación entonaba a nuestro Dios, se detuvo buen rato a escuchar, al fin se decidió y entro, era un lugar muy grande , había mucha gente, se sentó en la ultima banca y estuvo oyendo, cuando termino el mensaje del evangelio, paso llorando a recibir la invitación que el predicador hacia, estuvo en aquel altar mucho tiempo derramando lagrimas, cuando se levantó estaba solo el pastor acompañándolo ,la congregación de había ido, le comentó al pastor aun llorando: Tengo una paz hermosa, creo que hasta lo alcoholizado se fue, quisiera que lo que estoy sintiendo lo pudieran experimentar mi esposa y mi hijo¨ Tráigalos, fue la respuesta del pastor,. Es que los abandone hace como diez años. Recuerda donde viven? Cuando el pastor recibió la dirección, le dijo vamos a orar para que Dios bendiga su matrimonio y su hijo. Mandó a un grupo de damas de la congregación, les dijo, no le hablen de su marido, háblenle de Cristo he invítenla al templo para el domingo. Aquellas hermanas , fueron por ella. Como había tanta gente, no vio a su esposo, pero ese día Jesús la transformó maravillosamente, cuando estaba llorando en el altar le acercaron al marido y le preguntaron: lo conoce? Claro, es mi esposo y nos abandono hace diez años. Pues el mismo Cristo que la transformo a usted hoy , lo hiso la semana pasada con su esposo. El primer pensamiento y bajo la presencia de Dios fue volver a vivir juntos, pero el problema era Juan, pues cuando la madre le hablo del cambio de ella y su esposo, aquel joven le dijo: No madre, el nos abandono, así que decídase, el o yo.

Le comentaron al pastor la situación .Una comitiva juvenil enviada por el pastor fue a buscar al confundido joven, entre aquellos jóvenes iba una linda chica que apenas la vio Juan y se le acerco, su sorpresa fue que la joven le dijo: Soy cristiana y amo a Jesús de Nazaret, si tu no tratas con el, nada tengo que ver contigo.

Comenzó a ir al templo, no por Cristo sino por la joven aunque ella no lo trataba para nada.

Hubo una gran reunión juvenil en una ciudad del estado de Tamaulipas, fueron un numeroso grupo de jóvenes de la iglesia, y que creen? Exacto, iba Juan. En aquella reunión Dios salvo a este joven y además lo bautizo con su Espíritu Santo, con la evidencia física de hablar en otras lenguas, sobra decir que se le hacia largo el camino para encontrarse con su padre, así fue.

Dios junto los pedazos, los volvió a unir, y doy testimonio de la fidelidad de esa pequeña familia sirviendo a Cristo con todo su corazón. Pasados unos meses hubo boda y después nietos. Uno de esos nietos es el pastor de la Iglesia que Dios les concedió levantar como familia.

Tuve la gran bendición de encontrarme con ese nieto en una Convención donde fui invitado a predicar, es el pastor que atiende aquella congregación que sus abuelos iniciaron, recordamos vivencias que nos motivaron a seguir adelante con Cristo.

Lo experimentado por esta familia se sigue repitiendo en todo el mundo, hay desunión, abandono, lagrimas , incomprensión,

¨pedazos regados sangrando¨, esa clase de personas cree que ese es su destino, su suerte que les toco vivir, otros dicen que es su cruz, si tu amigo que lees, estas en esa situación o alguien de los tuyos sufre algo semejante te digo con toda sinceridad: Jesús es la solución, el dice en Mateo 11:28: Venid a mi todos los que estáis trabajados y cargados, y yo os hare descansar. ... Juan 10: 9 Yo Soy la Puerta, el que por mi entrare, será salvo, y entrara y saldrá, y hallara pastos. Además en Juan 4:13,14 a la mujer samaritana le dijo: Cualquiera que bebiere de esta agua, volverá a tener sed, mas el que bebiere del agua que yo le daré, no tendrá sed jamás, sino que el agua que yo le daré será en el una fuente de agua que salte para vida eterna. de esta agua.

Si no has conocido del amor de Dios, te invito a que recibas a Cristo en tu corazón como Salvador y Señor, te aseguro que tu vida cambiara de una manera extraordinaria, si aceptas, repite esta sencilla oración con todo tu corazón, creyendo que Dios te oye y te guiara a El. Dios te doy gracias por tu amor, te he ofendido pero no sabia, creo y confieso que Jesús murió y resucito, lo recibo en mi corazón como mi salvador y Señor, ayúdame para servirte como tu quieras. Gracias por perdonarme y escribir mi nombre en el Libro de la vida. Amen.

Ahora, busca una Congregación donde te prediquen que Cristo Salva, Sana, Bautiza y viene, Consigue una biblia y comienza a leer San Juan luego Mateo Marcos Lucas y Los Hechos, después pregunta al pastor que mas leer y el te orientara. Que mi buen Dios bendiga tu vida y hogar es mi deseo.

Dicen por ahí que de poeta y loco, todos tenemos un poco. No me considero poeta, tampoco estoy loco, pero muchas ocasiones al estar en soledad, llegó a mi mente algún acontecimiento real o ficticio, cuando esto sucedió trate de hacer poesía, he escrito varias, pero de todas, he escogido estas con diversos temas, espero que de alguna manera te sirvan en alguna ocasión especial en tu vida. Un placer poder compartirlas contigo.

La llave

Mi corazón tiene candado, está cerrado,

nunca ha amado,

no sabe lo que es estar enamorado,

decía un joven que apenas comenzaba

su vida...preocupado.

Se cruzó en su camino un día una doncella,

de la que quedó prendado,

linda mujer, dijo:

ni duda cabe, tú tienes la llave... abre.

Quisiera saber

Hermosa sonrisa hay en tus Labios,

profundo abismo en tu mirada,

quisiera saber cuál es tu sueño,

saber también si tienes dueño,

quisiera saber si estas enamorada,

pues cada día sueño con llegar a ser el dueño

de esa sonrisa de tus labios,

y ese abismo profundo en tu mirada.

Lágrimas

Muchas lágrimas han caído
en las calles de mi pueblo,
lágrimas que surcaron mejillas
de valientes mujeres sencillas
que vieron partir de este suelo
a sus hijos tan queridos,
algunas...a sus maridos.
A varios los arrebató la muerte,
otros solo partieron
buscando nuevos horizontes,
sin poder cruzar el puente
se arriesgaron por el rio,
buscando el metal amarillo,
el sueño americano
al otro lado del rio.

Esas lágrimas no se han secado,

permanecen aún vigentes,

siguen esperando a sus gentes

a los que siempre han amado.

Aunque parece fuerte el axioma,

aún hay espacio...

para más lágrimas en la redoma.

Mi nieto

No anhelo recuperar nada

de lo que en ti invertí,

mi hijo amado.

Por ti llore, trabaje,

me esforcé, para que ahora estés

en el lugar que estás.

Vives bien...

Disfrutas de bienes materiales

pues, tienes auto, casa, joyas también.

Pero... prepárate porque viene alguien

que te cobrará por mí,

será dulce y tierno,

refrescará tu vida como suave viento,

ese pequeño ser que cobrará....

Será mi nieto... págale bien.

Mañana

No temas la llegada de la noche,

sus sombras no son eternas,

un nuevo día llegará... mañana.

¿Estás solo? ¿Abatido? ¿Angustiado?

Descansa, duerme.

Muy pronto huirá el hastío,

cuando los rayos matinales de mañana

te hablen diciendo: Ha amanecido...

la noche ha huido.

Experiencia

Su paso es lento, cansado.

Ya la tierra abre sus fauces

como queriendo tragarlo.

Este hombre ya esta viejo,

le ha doblegado el cuerpo...

el tiempo.

Hay marcas exteriores

que eso cuentan, pero...

¿Y por dentro?

¿Qué hay en su interior que no lo vemos.?

Acércate a él, conversa.

Tiene experiencia.

Una piel lozana, cuerpo nuevo,

no ha corrido por donde ha paso lento,

paso el viejo.

Canto de Paloma

El canto vespertino de la paloma triste,

evoca añoranzas idas.

De lo profundo de mi ser asoma la nostalgia

de experiencias partidas.

Se fueron para nunca regresar,

guardadas en mi ser quedaron cantos,

risas momentos de pesar,

unidos a tu canto se grabaron.

Cuando tu canto paloma triste escucho,

lo disfruto con cariño, de tus ancestros lo aprendiste,

en el me llevas a época de niño.

Publicaciones Crimasami

Made in the USA
Coppell, TX
02 February 2026

70766715R00036